Moi, Valencia,
Je suis une Princesse…

LAURENT MOREAU

J'aime les chats, parce que j'aime ma maison et qu'ils en deviennent, peu à peu, l'âme visible. Une sorte de silence actif émane de ces quelques fourrures qui paraissent sourdes aux ordres, aux appels, aux reproches.

Jean Cocteau

Moi, Valencia, je suis une Princesse…

TABLE DES MATIÈRES

Table des matières

PROLOGUE

Naître dans la rue, n'annonce pas toujours une belle vie, mais n'est pas toujours si compliquée, disons que cela n'empêche pas de vivre heureux. Être un chat des rues oblige un caractère fort, trouver sa nourriture, avoir des ennemis, se méfier en permanence de tous ces humains, les évaluer, pouvoir se faire aimer pour quelques minutes, quelques heures, voire quelques jours mais pas plus, et cela, pour un peu de nourriture et quelques caresses. Mais naître dans une bonne maison, je vous le dis, j'affirme, c'est le paradis.

Je m'appelle Valencia, je suis née dans une bonne maison, ce que vous appelleriez, un élevage. Je suis un Sphinx. J'ai quatre ans. Je ne vais pas vous raconter mon parcours depuis ma naissance, cela n'est pas si important. Seulement, ma vie actuelle et juste le pourquoi je suis ici dans cette nouvelle maison ; j'ai eu de la chance.

Le genre humain, en règle générale, nous aime. Le chat apaise, remonte le moral, rend heureux. Nous, les chats, sommes utilisés pour donner confiance, rassurer… Mettre un chat dans une publicité, c'est déjà gagné à pratiquement 50 %.

Ne pensez-pas que nous sommes des êtres qui ne servent à rien d'autre ! Je vais vous avouer quelque chose, nous avons une mission, depuis des centaines d'années, cette mission est inscrite dans notre ADN. Nous le savons tous et nous nous efforçons de la mener le mieux possible.

Pour la première fois, je vais vous dévoiler avec le plus de détails possibles et à travers ma vie, comment je mène, j'enquête sur cet ces êtres humains qui se disent être nos Maîtres.

Vous me direz, la vie d'un chat est différente dans chaque maison, chaque maître est différent. C'est vrai. J'avoue qu'il y a des chats qui se sentent malheureux, délaissés ou ignorés, ils sont là comme un meuble. De nos jours, les chats font partie de la famille, c'est un membre important dans la maison, il n'est pas ignoré mais adoré.

Il faut s'habituer, analyser cette nouvelle vie afin de la rendre la plus confortable possible.

A travers mes nouvelles habitudes, graver dans mon ADN des milliers d'informations sur ces humains qui seront partagées avec tous les chats du monde au fil des années.

CHAP. 1 – MON NOUVEAU FOYER

Il faut tout d'abord que je vous apprenne quelque chose qui me paraît très important. Depuis des siècles, nous existons, certains nous adorent, d'autres moins et quelques autres nous mangent. Tout cela, nous le savons. Il existe de très nombreuses races de chats avec des caractères bien différents mais nous avons tous quelques points communs. Depuis des centaines d'années, nous transmettons, je vous dirais peut-être comment, nos informations sur ces êtres que vous appelez Humains.

Ici dans notre pays, il y a quelques dizaines d'années, le chat vivait plus souvent dehors que dedans. Nous étions nourris certes, mais étions surtout destinés à courir après des souris. On nous parlait très peu. Nous n'étions qu'un animal mais pas vraiment de compagnie.

Comme je vous l'ai dit, j'étais dans un élevage, j'étais heureuse, mais qui dit élevage, dit partir dans une nouvelle famille. Nous les chats de race, c'est notre lot, on le sait. Cela s'est très mal passé dans ma nouvelle famille, j'avais un petit problème et au lieu d'essayer de savoir ce qui se passait, on me maltraitait plus ou moins. Cette famille, au bout de quelques mois ne voulait plus de moi, je suis retournée chez mon éleveuse et ai été placé ensuite chez des amoureux des chats et surtout des sphinx ; deux papas.

Je me suis dit que ça allait quand même se passer plus ou moins pareil que la précédente famille. J'ai un petit problème de santé qui me dérange beaucoup ; je ne me sens pas quand je dois aller à la caisse, ça sort tout seul ; c'est un inconvénient, j'en conviens.

A mon arrivée, une maison qui m'a l'air agréable, un étage qu'il va falloir que j'explore. Cela me paraît tellement vaste. Beaucoup de fenêtres, c'est une vieille maison Normande. Je n'avais jamais vu autant de fenêtres, j'ai de quoi scruter l'extérieur de multiples angles de vue. Et justement, il y a un jardin, il m'est que théorique, je ne suis jamais réellement sorti d'une maison, je ne sais pas ce qu'est être dehors. Cela à l'air génial, j'ai hâte de découvrir ce nouvel environnement qui m'est complètement inconnu mais qui m'attire, je m'intéresse à tout et un jardin est nouveau pour moi.

Il y a un autre chat ; Elliot, un gros mâle de plus de huit kg, il est bien trop nourri, ce gros pépère ne doit pas courir bien vite, le sport doit lui être vraiment étranger, cela me sera très facile à mon avis de lui échapper ou de le courser. Il y a un petit chien Max, un chihuahua. Il est peureux, il veut jouer avec moi, il doit se sentir seul, Elliot le fuit ou l'ignore tout simplement. Max pense donc que je vais être son copain de jeu. Pauvre Max, je n'aime pas vraiment le genre canin, je fais un effort, il est là et je dois faire avec.

Je vois que cet autre chat ne m'apprécie guère, il me regarde comme un danger. Nous commençons à communiquer. Il m'apprend qu'il y avait deux autres chats, qu'ils sont morts, les maîtres étaient très tristes. Un des deux pleure encore. Il dit qu'il descend très peu à cause du chien qui l'énerve. Il dit qu'il a ses repères et que je ne dois en aucun cas marcher sur ses plates-bandes. Elliot me dit qu'il doit s'entendre avec moi car nous devons cohabiter. Dans ma tête, cohabiter veut dire en guerre ; pour prendre un raccourci. Sinon, il aurait dit 'vivre'. Ce n'est pas grave. Je fais avec. Mais qu'il ne se réjouisse pas, je vais prendre la place du numéro un.

Ma mission commence maintenant. Récolter des informations sur ces humains, nos Maîtres. Je n'aime pas ce mot, il faut savoir que dans une maison, le maitre des lieux reste le chat, de toutes les façons. Mais il y a une façon de le faire et ça, nous les chats, on sait très bien faire.

Après avoir visité les lieux, je me devais de remercier en quelque sorte cette famille. Je leur ai fait des gros câlins, les yeux doux et surtout, ronronner. Ils me caressent. Ils me disent des mots gentils et complètement débiles aussi. Je dois vous dire que l'on ne sait pas parler mais nous comprenons très bien ce que vous voulez dire mais ça, seuls les chats le savent. Et puis cela a des avantages de faire savoir que l'on ne comprend pas leur langage, nous pouvons ignorer trop facilement.

Le petit problème de santé étant là, je peux constater que cela devient un énorme problème et malgré le fait qu'ils m'aiment beaucoup, ils s'énervent en disant que cela ne peut pas continuer.

Ma chance, est qu'ils aiment tellement les chats, qu'ils ont cherché des solutions. Je suis donc passé par la case vétérinaire plusieurs fois, mais rien n'y faisait. Puis la solution est venue, on a changé ma nourriture. Conclusion, je suis allergique aux croquettes. Je ne suis donc plus malade.

C'est un pur bonheur, on m'achète de la viande fraîche, du bœuf, du poulet, du poisson, des légumes, un luxe ! Mais ça ne va pas durer plus de deux mois car cette nourriture me fait grossir et apparemment, on tient à ma ligne. On essaye de me faire manger du pâté pour chat en sauce, effilés de viande… Les meilleures marques rien que pour moi. L'autre gros (Elliot) ne mange que des croquettes. Le pauvre est condamné à manger au premier étage, on l'enferme à l'heure des repas pour que je ne puisse pas venir voler ses croquettes ! Je sais que cela me rend malade, mais je ne peux pas m'en empêcher, j'ai réussi à lui en piquer quelques-unes plusieurs fois ; je suis très maligne. De plus, j'ai un de mes papas qui me fait plaisir ; en ouvrant la porte pour libérer Elliot et, avant de refermer sa gamelle, il me donne une toute poignée de croquettes, c'est peu mais c'est toujours ça de pris !

Je suis une privilégiée. On n'arrête pas de m'appeler « ma princesse ». A heures précises, je monte sur le meuble, en plissant des yeux (ils adorent) pour leur faire comprendre que j'ai faim. On s'exécute. Ils prennent leurs marques. Ou plutôt, mes marques.

Vous devez savoir que nous devons instituer des lois dans une maison mais ce sont eux qui doivent se plier à ce que nous voulons mais il faut le faire judicieusement, ne pas montrer que cela vient de nous. Un animal à deux jambes est trop facile à manipuler.

Mon premier travail, ce sont Elliot et Max. Pour ce qui est du chien, cela va être très facile, je lui montre que je l'apprécie, à petites doses quand même ! Mais c'est moi qui commande dans cette maison, je lui fais comprendre ce que je veux. J'entends mon maître dire de moi que je suis une garce. J'entends bien et je suis assez d'accord finalement. Je me frotte gentiment à Max plusieurs fois et quand il veut faire de même et qu'il commence à m'énerver, je lui fou un coup de patte contrôlé. Il gémit, ou aboie de surprise ou de peur. Il stoppe et comprend très vite que je décide quoi et quand. Ça, c'est fait.

Mon plus gros problème est Elliot. Comme il est écrit précédemment, Elliot et moi, comme tous les chats, nous ne parlons pas ensemble mais nous communiquons, pas seulement par gestes et attitudes, mais aussi par ce que vous appelleriez par transmission de pensées. Il n'est en aucun cas obligé d'émettre des bruits ou des miaulements pour échanger.

Je disais donc qu'avec Elliot, cela ne se passe pas très bien. Je vois bien qu'il veut faire plus ou moins ami-ami. Mais sachant qu'il est là depuis très longtemps, il pense être le « chef ». Hors de question, je lui montre que je fais ce que je veux et qu'il ne faut pas qu'il soit sur mon chemin, qu'il ne marche pas sur mes plates-bandes... aussi. Je vois bien que je reste la princesse, car à chaque fois que l'on s'égratigne, c'est lui qui prend ! « Elliot, laisse-la tranquille ! » J'ai donc l'avantage. Je le sais et maintenant il le sait aussi.

Je lui fais comprendre, que nous devons

instaurer comme il me l'a dit plus tôt une sorte de cohabitation, et nous devons faire le minimum. Ce n'est pas parce qu'il est un mâle que je vais m'effacer, qu'il se souvienne que la princesse, c'est moi ! Et puis, je ne veux pas passer mon temps à me battre, ça énerve les humains et cela m'épuise aussi.

Au premier étage, il y a une chambre puis une grande pièce avec pleins d'objets sur des étagères, c'est amusant, me dis-je. Au bout de cette longue pièce, un bureau, Elliot a un fauteuil rien que pour lui devant cette petite fenêtre où il peut voir ce qu'il se passe à l'extérieur dans la rue. Il me dit que c'est son fauteuil. Je lui laisse volontiers. Il fait froid dans ce bureau. Rien que pour l'embêter, je vais régulièrement le taquiner dans son soi-disant espace, il y a des petites cachettes géniales. Une fois sur cinq, ça se termine en bagarre.

Elliot, tu sais que c'est sur toi que ça va retomber. Donc, dis-toi que même si je te laisse ce fauteuil, je règne ici en maitresse des lieux, je suis protégée, je suis leur princesse. Il fallait que tu le saches.

Ça, c'est fait.

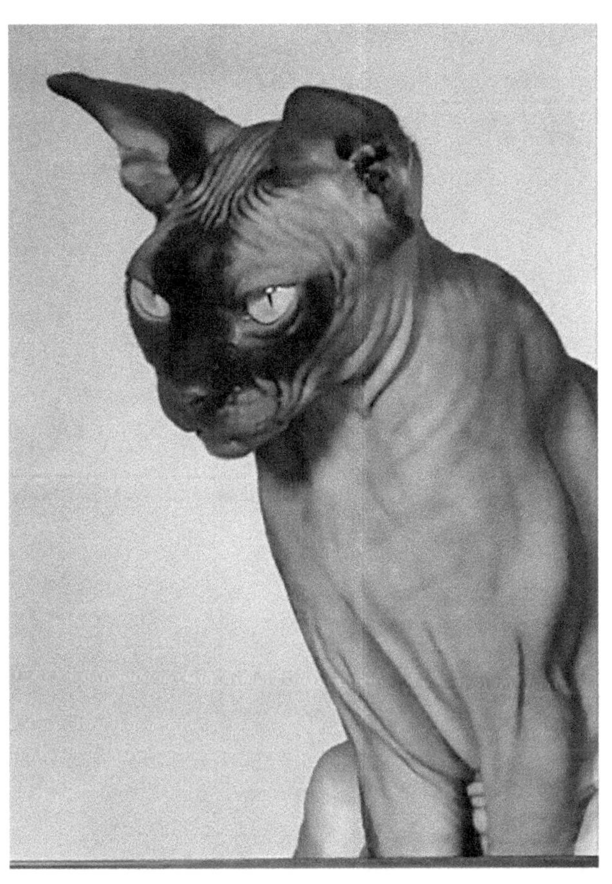

CHAP. 2 – LE LANGUAGE

Dans mon étude sur ces humains, leur langage, les mots qu'ils emploient. Autant dans ma dernière famille, j'entendais souvent mon nom, mais là, c'est bien plus que de l'amour !

Les relations entre chats et humains ont beaucoup changé. Il y a un dialogue ou plutôt un monologue, forcément.

Le matin, dès que l'on me voit. Je me serais contentée d'un petit « Bonjour Valencia ». Non cela est réservé à Elliot. Pour moi, cela n'en fini jamais. Voici un exemple qui représente bien ce que j'entends le matin au levé. Je dois dire que comme c'est avant que l'on me donne à manger, je dois bien le supporter, quelques fois, cela me gonfle !

« Bonjour Valencia. Bonjour ma princesse. Comment vas-tu ma petite fille d'amour que j'aime ? As-tu bien dormi ? Tu es belle ma princesse. Tu es la plus belle fille du monde. La plus gentille du monde. Je t'aime ma petite chatte d'amour. Tu fais un câlin à papa ? Non ? Moi, je t'aime. Tu le sais ma fifille. Mmmm j'ai envie de te manger ma belle… »

Il faut se dire que pendant que j'entends tout cela, c'est caresse sur caresse. Bien entendu, je suis consciente que la nourriture est au bout de cette suite de mots et de phrases débiles mais quasi obligatoires. Ils m'aiment trop. Je certifie qu'ils ont de l'amour pour moi, trop certainement ou plutôt démesuré. Mais ils sont deux, alors, j'ai le droit à la deuxième salve. J'endure. Quelques fois c'est sympa mais bon c'est une habitude que je dois prendre.

Le repas, que ce soit le matin, le midi ou le soir. J'ai juste à monter sur le meuble et faire les quatre cents pas, un allé et venu, montrant que cela ne va pas assez vite, mais je dois rester bienveillante, j'ai la queue en l'air et bien droite, cela leur montre que je suis heureuse et sereine mais impatiente quand même. Si je trouve que c'est trop long, juste faire un petit miaulement, ou plusieurs, répétés à intervalles réguliers.

« Attends, ma fille. Je n'ai que deux mains. Ça

arrive ! »

Ça n'arrive jamais assez vite, mais ils prennent vite le rythme et par sport, je fais le coup tous les jours pour rappeler qu'ils ne doivent pas perdre leur vitesse.

Le midi et le soir, j'ai le droit à une autre sorte de questions.

« Alors ma fille que j'aime. Tu veux manger quoi ? Du poulet ? De la dinde ? Du canard ? Du poisson ? Que préfères-tu ma petite fille d'amour ? Aller, dis-moi. »

Comme si j'allais pouvoir leur répondre. Mais ça prend du temps alors pour faire accélérer le mouvement, je viens me frotter à un sachet au hasard (ben oui ! les chats ne savent pas lire !). Et j'ai le droit donc à ce que j'ai « choisi » !

« De la dinde ! C'est bien ma fille, tu as bon goût. Tu aimes la dinde. Ce soir ce sera du poisson ? Ce que tu voudras. »

Ben voyons ! C'était du hasard idiot ! Mais comme tu as l'impression que j'ai vraiment choisi, alors pourquoi pas. Je passe donc pour une chatte très intelligente, au-dessus de la moyenne ! C'est vrai que je préfère certains goûts à d'autres. Ce qui est incroyable, quand je donne l'impression de ne pas aimer certains sachets, très vite, ils changent de marque. Du haut de gamme. C'est très bon. J'obtiens vraiment ce que je veux. Quand j'ai goûté pour la première fois cette nouvelle marque, c'était vraiment trop bon, j'ai terminé mon auge ! La réaction ne s'est pas fait attendre.

« Oh ma fille, tu as aimé. C'est meilleur on dirait. Tu mérites ma petite fille d'amour, tu es notre princesse. »

Après ça, je me sens obligé de me frotter en ronronnant. J'ai eu encore une surprise. Un soir, avant de se coucher, on m'a donné un bonbon, j'étais sur le comptoir, et ce bonbon est une tuerie ! Un seul, c'est vraiment trop peu. Je ne peux me contenter d'un seul bonbon. Je dois travailler pour une solution toute autre. Un après-midi, j'étais sur le comptoir, assise à contempler cette boîte de bonbons, rien qu'à la regarder je me souviens du bruit lors de son ouverture et surtout ce goût exquis. Si je suis une princesse, je mérite amplement d'avoir bien plus de bonbons. Les frottements ne suffisent pas, il va falloir que j'use de tous mes charmes, mais je sais que c'est possible.

En effet, c'est possible. Le lendemain matin, lorsqu'un de mes maîtres part pour aller travailler, je me suis posté sur le comptoir en faisant mon regard qui tue. Je n'arrête pas d'entendre que j'ai un regard qui déborde d'amour alors, s'ils ont raison, il faut que je me serve de cela. Donc, là sur le comptoir, assise avec mes petits yeux brûlant d'amour, j'ai eu le droit à pleins de bisous et de caresses

« Au-revoir ma Valencia d'amour. A tout à l'heure ma beauté. Papa revient bientôt. Que tu es gentille et trop belle. Tiens, pour te faire patienter, papa va te donner des bonbons. »

Et voilà le travail. Deux bonbons. Comment obtenir ce que l'on veut. Comment faire fléchir son maître, son papa. Je n'en attends pas moins maintenant. Je ruse. Chaque fois que je vois l'un des deux mettre ses chaussures ou mettre la veste, je me poste sur le comptoir et montre même mon impatience pour avoir un au-revoir, des caresses et surtout des bonbons. Je fais de même avec les deux, comme pour dire que le premier ne m'a rien donné. Je dois vous avouer que cela ne marche pas à chaque coup. Mais j'ai fini par obtenir encore une fois ce que je voulais. Je suis fière de moi.

Comme j'ai le statut de princesse, je peux me

mettre sur les genoux pendant que papa mange. J'alterne, assise sur le comptoir et je le contemple ou alors sur ses épaules. Je ne vole pas, ce ne serait pas digne d'une princesse mais je lève la patte pour montrer que je mérite quelque chose. La première fois, j'ai eu le droit à du gruyère coupé en tous petits morceaux. C'est excellent. Papa a même dit, qu'il faut acheter une autre marque car celui-ci est trop dur et n'a pas assez de trous, ce ne sera que meilleur pour moi. À partir de ce jour, j'ai le droit à du gruyère le midi et le soir. Quelques fois, j'ai le droit à des Chips, c'est très bon aussi. On me fait goûter pleins de choses, j'en aime certaines, j'en déteste d'autres mais je le fais savoir. Elliot n'a vraiment pas le droit à cet avantage. Je le dis car je l'entends !

« C'est incroyable, jamais Elliot, ni même Cachou et Aramis ont eu le droit de venir à table, avoir du fromage, des chips ou autres ! Elle, a tous les droits. Tu la laisse faire tout ce qu'elle veut ! »

J'écoute cela avec un grand bonheur ! Et la réponse ne se fait pas attendre !

« Ce n'est pas grave. C'est ma princesse. C'est pour ma fille, elle a le droit… »

Je suis bien obligé de montrer de l'amour, je me

frotte à lui comme pour lui montrer en effet que je le mérite.

Tous les soirs, un de mes papas mange un yaourt avant d'aller se coucher. Il sort son yaourt au chocolat et se tourne pour aller chercher quelque chose d'autre. J'en profite pour goûter cet excellent yaourt. L'autre papa me tombe dessus.

« Hey ! Elle est en train de manger ton yaourt, tu ne dis rien, tu ne gueule pas ? Les autres auraient fait ça, ils s'en seraient prix un coup de torchon ! Dis-lui quelque chose quand même ! »

J'ai vraiment cru que j'allais passer un sale quart d'heure.

« Oh ma fille, que fais-tu comme bêtise ? Ce n'est pas bien de manger le yaourt à papa. Il ne faut plus que tu recommences. »

Incroyable. Il a dit cela avec une douceur, une gentillesse, comme si j'avais fait quelque chose de bien et d'extraordinaire. Mon autre papa est parti en rigolant mais tout aussi dépité !

Je suis la princesse mais j'ai un statut de Reine !

.

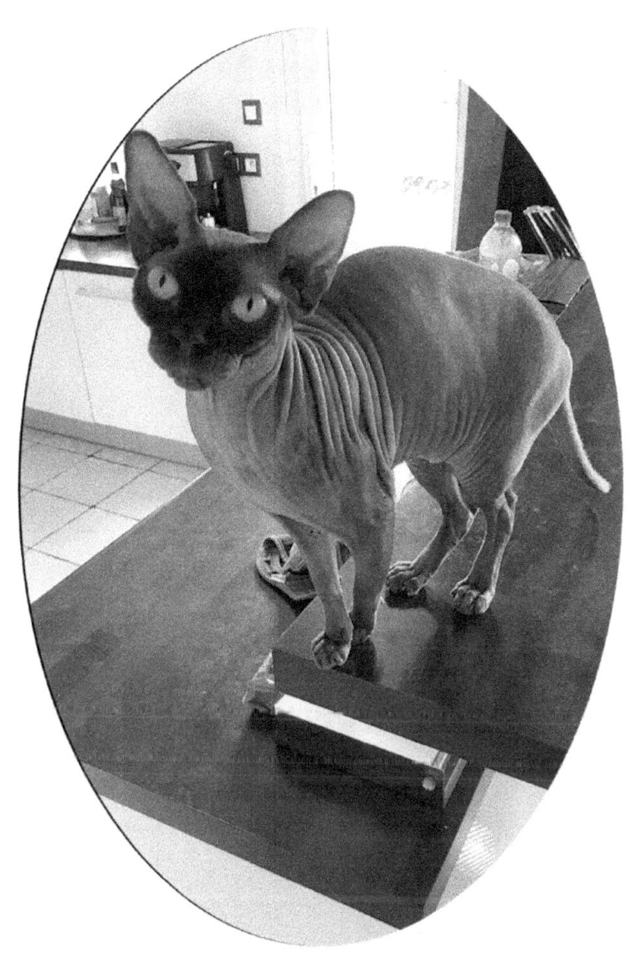

CHAP. 3 ENTRETENIR UN LIEN FORT

Il y a quelques règles entre un chat et ses parents. (Je ne dis plus mes maîtres, on n'en est plus à ce stade.) Garder un lien très fort mais nous les chats, nous avons des règles. Certains n'arrivent pas à les faire appliquer. Mais moi, un Sphinx et d'une beauté à ce que dit tout le monde, je me dois de faire respecter mes règles.

* Faire céder au chantage affectif

* Ne pas répondre à chaque requête

* Les faire sourire en faisant quelque chose qui les étonne, même si c'est une petite bêtise, ils en seront presque fiers !

* Ne jamais culpabiliser... non jamais.

* Faire régner la loi avec les autres animaux mais essayer d'être amical avec eux en présence des

humains

* S'il y a une bêtise, faire croire que c'est le chien, ça marche du tonnerre.

Si toutes ces règles sont respectées, tout est bien dans le meilleur des mondes, je dirais même dans le royaume des chats.

Le soir, lorsqu'ils regardent cette espèce d'objet où du son plus ou moins fort en sort avec des images qu'ils appellent « télévision », ils ont l'air de se reposer. J'ai remarqué que le chien avait bonne place sur les genoux ! Hors de question, c'est ma place. Il faut que je fasse comprendre cela à Max.

Il faut la jouer fine. Je suis la princesse de la maison et je me dois d'être gentille. Je saute sur l'accoudoir du fauteuil et je me mets à fixer le chien, surtout ne pas le quitter du regard. Il faut savoir que ma pupille peut se dilater en cas de peur ou d'attitude défensive ou au contraire se contracter ; mon regard est alors fixe par l'extrême comme pour hypnotiser ma proie. Il me regarde, c'est un chien assez peureux, donc il commence à se rendre compte que je lui en veux pour quelque chose, je ne le lâche pas du regard et je reste immobile. Cela fait rire papa. Je ne me laisse pas déconcentré.

« T'as vu Max, ta sœur n'a pas l'air contente après toi. Tu veux venir sur mes genoux ma princesse, viens ma fille, il y a de la place pour deux. »

De la place pour deux, vraiment ? Je fais semblant de venir et m'installer toujours en regardant le chien droit dans les yeux. Il ne bouge pas. Je me mets sur mes quatre pattes, ma queue se balance de gauche à droite pour montrer à papa que je suis en mode amicale, mes yeux ne débordent plus d'amour maintenant. Max sait que je ne suis pas contente mais il ne bouge toujours pas. Je me retourne face à lui et ici le balancement de ma queue devient plus rapide, comme un spasme, j'indique que je suis assez agacée et que ma patience a des limites. Là, je n'ai vraiment pas le choix, je lève ma patte, je calcule l'angle et je lui mets un petit coup bref et rapide, il a tellement peur, qu'il émet un petit cri alors, il part. J'ai gagné !

Je le suis toujours du regard pour lui dire que cette place est dorénavant mienne ! Cela montre à quiconque que je suis la chef, la princesse, que c'est chez moi. Ensuite, il faut réagir très vite. Je mets la machine à ronronnements en marche avec le volume au maximum, et je me mets à frotter ma tête contre son visage, sans relâche pendant de très longues minutes…

« Ma fille, que tu es gentille. Tu fais des câlins à ton papa. Tu es belle ma fille. Je t'aime. Tu me laisse regarder le film ? »

À ce moment-là, je sens que ça commence soit à l'énerver, soit qu'il en a marre. Des soirs, je me couche bien contre lui, j'ai bien chaud, je me sens très bien. On se sent bien mutuellement. D'autres soirs, je monte sur le dossier et je me mets à lui lécher la tête. Faire plaisir à son papa. Aimer son papa. Je reste une heure au maximum, après je pars et je vais m'installer non loin de là, plusieurs couches sont placées à différents endroits. Mais je choisis toujours un endroit où je peux observer le plus de choses possibles.

Il faut aussi comprendre et détecter les humeurs de l'humain. Il arrive qu'il soit triste, qu'il pleure, qu'il soit malade. Je me dois d'être là pour le réconforter ou simplement près de lui. Je me blottis contre lui, mes ronronnements l'apaisent. Je sais que cela ne résout en aucun cas le problème mais cela fait du bien. Le ronronnement d'un chat est comme une musique douce et rassurante, c'est comme une médecine douce. Cela soulage au moins l'esprit. Ça calme les angoisses pendant un petit moment. Je me dois de montrer que je suis là et que je comprends. C'est le moins que je puisse faire, je l'aime aussi.

Je surveille. Le meilleur endroit est l'escalier. Là je vois vraiment tout ce qui s'y passe. Au moindre pas, déplacement, je le regarde, je l'analyse, j'essaye de prévoir ce qu'il compte faire. S'il part, en moins d'une seconde je suis sur le comptoir pour mes bonbons, s'il prépare à manger, je me dois d'être près de lui pour éventuellement obtenir quelque chose à grignoter, s'il change de pièce, je dois savoir, je le suis et je veux regarder ce qu'il fait. Quand on dit qu'une vie de chat, c'est facile. Eh bien, pas forcément. Il faut s'occuper de pleins de choses, être sur ses gardes et surveiller. C'est ça le confort.

De temps à autre, un de mes papas me parle, pour me raconter quelque chose qui le rend triste ou malheureux ou une douleur physique. Il se confie, soulage sa conscience ou son esprit.

Je l'écoute, patiemment. Mes yeux remplis d'amour lui font du bien. Cela se termine toujours par cette phrase.

« Je sais que tu comprends ce que je dis ma fille. Vous les chats, vous comprenez tout. Vous êtes très intelligents, si seulement vous pouviez parler, ce serait extraordinaire… »

En effet, je comprends ce qu'il dit mais je ne comprends pas obligatoire la situation. Je suis là pour qu'il aille mieux après et cela semble fonctionner.

Une des situations où j'aime bien me faire remarquer est lorsque mon papa travaille sur son ordinateur. Il tapote de tous ses doigts je ne sais quoi (je rappelle que je ne sais pas lire). Il a vraiment l'air dans son truc. Je passe entre lui et le clavier, il ne dit rien. J'effectue des aller-retours en ronronnant, en me soumettant à son bon vouloir, il me caresse avec son menton, me dit des jolis mots, il continue à taper sur son clavier. Il me fait beaucoup de bisous. Quelques fois je me couche entre ses bras, faisant semblant de m'intéresser à ce qu'il fait, je regarde l'écran. D'autres fois, j'ai la bougeotte, mais quand malencontreusement, je marche sur le pad de son ordinateur portable et que cela doit provoquer quelque chose de non désiré, il se met quand même à élever la voix pour me dire d'arrêter. Je m'en vais très vite, mais je reviens tout aussi vite. Il me laisse faire au final. Ma douceur et ma gentillesse font qu'il laisse faire malgré tout. Il ferme son ordi et se met à me caresser et il me demande de bien vouloir le laisser travailler. Ce que je fais car, c'était juste pour montrer que je suis à et que je m'intéresse aussi à ce qu'il fait. Je sais que je vais partir pour dormir ou embêter Elliot ou regarder par la fenêtre.

Mieux comprendre l'humain, c'est mieux le connaître. Mieux le connaître, c'est mieux vivre.

CHAP. 4 – MES JOURNÉES, MES JEUX

Mon quart d'heure de folie. Pour ceux qui n'ont pas de chat, ils ne peuvent pas comprendre. Je peux en avoir plusieurs dans la journée. Le matin après manger, systématiquement j'en ai un. Celui-ci fait plaisir à mes papas, pendant leur petit déjeuner, ils regardent et rigolent. Je suis contente de leur faire plaisir, mais c'est un exercice, un instinct de chasseur. Je ne chasse pas les souris, mais cet instinct est ancré en nous. J'ai une petite balle en plastique et je joue avec, je fais d'énormes sauts et je cours après, c'est assez rapide et ils sont stupéfaits. Je leur donne l'impression que je suis la seule au monde à pouvoir faire cela. Qu'ils continuent à le penser...

Je peux avoir ce même quart d'heure le soir,

mais là quand c'est pendant l'heure du film, je sens que ça ne plaît pas du tout, mais je le fais quand même histoire de montrer que je fais ce que je veux.

Mes journées dans tout cela. Je dors quand même beaucoup. Nous les sphinx, on aime la chaleur. J'aime dormir sous une couette, sur le poêle à pellets. Je change régulièrement de place. Sachez quand même que nous dormons d'un seul œil ! Le moindre bruit est une alarme, nous sommes à l'affût de tout et du moindre danger éventuel. Quand papa me regarde dormir, il pense que je dors profondément, si je ne veux pas être dérangée, je ferme les deux yeux pour qu'il n'ose pas me déranger. Si j'ouvre un seul œil, il ne peut s'empêcher de me caresser en disant « Dors ma princesse d'amour ». Heureusement que j'ai le pouvoir de m'endormir d'un claquement de griffes.

Quand je ne dors pas, je peux explorer. Une chose que j'adore faire. C'est d'être devant une des fenêtres, et, admirer, scruter, examiner tout ce qui se passe dehors.

Hors de cette maison, il se passe des choses qui m'ont l'air géniales. Chose que je vais connaître très bientôt, en période d'été.

Une variété d'animaux tous différents. Des oiseaux, plus ou moins gros, je me pose plein de questions. Mon instinct me dit que je pourrais les chasser et peut-être les manger. Cela ne m'intéresse pas de les manger, car, il se dit que si je mange des proies que j'attrape moi-même, je pourrais obtenir moins de nourriture à la maison ! Je ne suis pas folle, chasser pourrait être un jeu, mais certainement un restaurant ! Et puis, je suis une princesse…

Il n'y a pas que les oiseaux. Il y a des poules, c'est assez marrant cette bestiole, elles n'ont pas l'air agressives, j'aimerais tant les approcher. Il y a aussi une grosse oie, celle-ci est assez méchante envers les poules et certains oiseaux. Elle se prend pour la chef du jardin. Moi, Valencia, une fois dehors, je la mettrai au pas. Je n'ai peur de rien… je ferai quand même attention.

Je regarde donc tout ce petit monde. Je suis très attentive. Je fixe. Souvent, je suis en mode « chasseuse » et immobile, comme si j'allais bondir sur la proie. Mes papas adorent, je les entends, mais je ne me laisse pas perturber. Ils me prennent en photo.

« Tu voudrais le petit oiseau ma fille ? Tu souhaiterais l'attraper ma princesse. Que tu es belle et intelligente ! »

Bla bla bla. Je reste imperturbable, leurs mots me passent au-dessus. C'est vrai que j'aimerai attraper cet oiseau de malheur, qui m'excite en frétillant juste devant moi derrière cette vitre.

Souvent, je suis quelque part, dans l'escalier, sur la table, sur mon poêle, etc. Je suis immobile, je suis perdue dans mes songes. Et j'entends un papa.

« Valencia, viens ma fille. Valencia ? Tu m'entends ? ... »

Il répète et m'appelle pendant plusieurs minutes, mais je ne bouge pas d'un poil ! Si j'ai décidé de ne pas être intéressée, il peut s'égosiller pendant des heures, il le sait que j'en fais qu'à ma tête et que c'est moi qui décide que, quoi et quand.

« Une vraie tête de mule ta fille ! pfff ».

Si c'était pour manger, il finit par m'apporter ma gamelle où je me trouve, je suis vraiment une princesse. Papa gueule, mais cède très souvent, tout le temps pour ainsi dire. Un humain est faible par amour !

Mes autres occupations. La toilette, c'est

plusieurs fois par jour, j'aime la propreté. Peu importe où je me trouve, je me dois d'être parfaite. Je n'aime pas les odeurs.

Au premier étage, j'aime titiller Elliot. Je vais sur « son » territoire, il pense vraiment que c'est le sien. Alors je tourne autour de lui, à bonne distance d'abord et s'il ne bouge pas, je m'approche de lui très doucement et je le sens, jusqu'à l'énervement, il ne bouge toujours pas, mais je vois qu'à sa queue, ça l'énerve. Il ne cherche pas la bagarre. Je le tapote de la patte. Là, il me répond et l'on se course plusieurs fois à travers tout le premier étage. Ça fait un boucan du tonnerre. Si un papa est là, j'entends gueuler.

« Elliot ! Ça suffit. Arrêtez, ou je monte. »

C'est Elliot qui prend, rarement moi. Si l'on continue en ignorant les menaces de papa, on l'entend monter dans cet escalier en bois qui fait du bruit, il arrive en trombe en haussant très fort la voix et branlebas de combat, on se trouve une cachette en seulement quelques secondes, la meilleure cachette est celle où il ne peut y accéder. Papa essaye d'attraper Elliot, mais ce gros chat est très agile et rapide aussi.

Autre trait de caractère de papa. S'il nous gueule

dessus, ou nous donne un petit coup de chiffon, il s'en veut terriblement. Trois fois sur quatre, il revient cinq minutes plus tard, il arrive tout penaud, nous prend dans les bras ou sur ses genoux et nous caresse pendant de longues minutes.

« Pardon mon bébé d'amour. Je ne voulais pas être méchant ni crier. Je suis désolé mon bébé, mais il faut être gentil et je ne veux pas que vous vous battiez. »

Voilà, l'humain s'excuse même si le chat a tort. C'est vrai qu'un chat c'est beau, c'est trop mignon comme ils disent ! Alors ils s'en veulent quand ils nous réprimandent.

Une exception quand même. À l'étage, il y a énormément de petits objets, la collection de papa. C'est vrai que c'est attrayant, et se faufiler entre tous ces trucs, c'est marrant. Jouer avec un petit accessoire, c'est super amusant. J'adore les jeux, je ne pourrais pas vous expliquer comment c'est agréable de faire tomber quelque chose, incompréhensible pour les humains du moins. J'ai bien compris que c'est strictement interdit, ne serait-ce seulement toucher un quelque chose.

Papa a l'oreille, dès qu'il entend ce bruit suspect que fait un objet en tombant, c'est comme une guerre, il se met à crier, il monte les marches en un éclair, il continue à crier en inspectant chaque endroit, toute sa collection et s'il découvre ce qui est tombé ou manquant, je peux vous assurer qu'il n'y a plus de 'ma chérie' ou de 'princesse'. J'ai découvert que c'est la seule chose à laquelle je ne peux pas contrôler, son amour pour sa collection. Je ne dirai pas que je passe après, mais c'est interdit tout simplement.

En même temps, je ne le fais pas souvent, mais je continue quand même le plus discrètement possible et tant qu'il ne me prend pas la patte dans le sac, c'est bon pour moi et cela devient beaucoup moins grave.

« Et merde, il manque un accessoire. Vous m'énervez à jouer avec ça, je vous l'ai interdit. Si je tombe sur vous en train de toucher à quoi que ce soit, vous terminer en bouffe pour chien ! »

J'adore cette expression. Il ne pourrait jamais le faire, il aime trop les chats, il m'aime trop et même Elliot, il adore Elliot. Nous, finir en bouffe pour chien, jamais de la vie. Mais quand il dit cela, il est en colère et cela lui fait certainement du bien.

Pour passer sa colère, l'humain utilise des mots forts, des mots qui dépassent sa pensée.

La nuit. Brièvement, je dois vous parler des nuits. La chambre de papa, c'est sa partie privative, son lit, sa couche. J'attends qu'il se couche, je suis patiente. Dès que je vois qu'il éteint son ordinateur, la télé, il s'en va dans la salle de bain, les toilettes, et au bout d'un certain temps, il éteint les lumières et monte. Je le suis, il s'installe dans son lit puis je viens. Je lui fais un dernier câlin, et je m'installe sous une couverture. Ou entre ses jambes bien au chaud. Il n'ose plus bouger. Ça l'énerve, mais l'humain ne veut pas ou, n'ose pas déranger le chat qui dort près de lui. Il pourrait m'éjecter, mais je reviendrais. Je reste la majorité la nuit, mais un moment, je vais jouer, faire semblant de chasser, faire éventuellement quelques petites bêtises. Je reviens m'installer pour terminer la nuit. Je ne sais pas comment vous expliquer cela, mais c'est comme si nous les chats, nous avions une horloge dans la tête. Nous savons exactement à quelle heure l'humain se lève et donc par extension, l'heure de notre repas, puisque c'est par là qu'il commence. Elliot et moi attendons patiemment 7h00 ! Quelques fois, l'heure est dépassée, et au bout d'une heure, je vais le réveiller en lui marchant dessus, le léchant ou, jouer sur le lit et ça ne rate pas !

« Valencia, t'es chiante ! C'est dimanche. Ce n'est pas l'heure. Tu as faim ? »

Quoi ? Ce n'est pas l'heure ? Peut-être pas la tienne, mais c'est la mienne.   Et comme d'habitude, je gagne.

Une fois que l'humain est réveillé par son chat, il ne faut pas attendre bien longtemps pour que celui-ci s'exécute et se lève.

Quelques fois, papa rapporte quelque chose qui est dans un carton ou un sac, j'adore. Je m'amuse à entrer et sortir. Nous les chats, on aime être caché ! Croyant que l'on ne me voit pas, j'attends que quelqu'un passe et je sors alors ma petite patte comme pour l'attraper. Ça fait toujours rire. Cela ne dure jamais bien trop longtemps, je me désintéresse très vite des différentes choses qui sont à ma portée.

Les papas reçoivent quelques fois d'autres humains, des amis.

Je me méfie un peu. J'ai bien vu que tous sont différents, dans le physique comme dans le caractère. Il me faut alors très vite analyser ces nouveaux venus. Certains sont gentils avec moi, ils me disent, encore, que je suis une belle princesse et que je suis la plus belle du monde, je passe alors de bras en bras et je suis caressée longuement ; d'autres par contre se méfient de moi. Dans la tête des gens en général, les chats ont des poils et c'est très doux ! Quand ils voient un Sphynx, un chat sans poils, j'entends des choses bizarres ! J'ai l'air d'un rat, ou même un gremlin mais avec le caractère de Gismo ! (Rires). Ils n'osent pas me toucher, me caresser, papa les rassure en disant que ma peau est très douce et c'est vrai, c'est comme de la soie. Je ne les force pas à me toucher, je reste toujours près de mon papa chéri qui lui m'aime tellement.

Certains viennent avec un autre chien ! Ça, je n'aime pas du tout ! Il ressemble à Max, ils sont fous tous les deux, ils n'arrêtent pas de jouer ensemble. Je les regarde pendant un petit moment de mon escalier en espérant que ça va bientôt se terminer mais je prends vite conscience que ce chien va rester quelques heures. Alors je vais dans la chambre pour être tranquille. Je redescends seulement quand tout le monde est parti.

CHAP. 5 – LE JARDIN

Le jour enfin arrivé. Je vais sortir dans cet endroit, endroit appelé « jardin ».

Seulement, quelque chose de désagréable, on me met un harnais et une laisse, pour que je ne m'échappe pas, que je n'aille pas dans la rue etc. Je n'ai pas le choix !

Enfin, j'y suis. J'y vais à tâtons, je reste immobile, je reconnais tout ce qui m'entoure mais il n'y a plus de fenêtre qui me sépare de ce paradis.

Je sens ce souffle, de l'air, quelque chose d'inexistant dans la maison, ce n'est pas froid, c'est même agréable.

Je fais quelque pas au début, je me réfugie sous

cet arbre ; d'ici, je peux voir au loin mais pas trop, les poules, les oiseaux, cette grosse oie qui me regarde vraiment d'un sale œil ; je dois m'en méfier quand même.

Les poules. Elles paraissent chercher constamment leur nourriture dans le sol, elles grattent, elles picorent, j'ai l'impression qu'elles ne s'arrêtent jamais, mais c'est marrant, j'aimerais beaucoup approcher. J'adore les regarder. Il y en a une qui creuse un trou dans le sol et s'y pose comme pour se reposer… c'est sale !

Une fois, une poule est venue vers moi, je pense qu'elle voulait faire copine-copine, j'ai eu une mauvaise réaction, j'ai voulu la griffer, je m'en veux mais c'était la toute première fois, d'habitude, je la vois de loin mais là c'était impressionnant pour une première. Elle s'éloigne et va picorer un peu plus loin, j'ai l'impression qu'elle a déjà oublié notre rencontre. J'adore les regarder, l'envie d'être avec elles mais en même temps l'envie de leur sauter dessus.

Les oiseaux. Beaucoup d'oiseaux différents, volent, se posent à distance raisonnable, souvent, pour se nourrir de miettes, de la nourriture pour les poules ou pour l'oie ou aussi pour de très petits insectes. De petits oiseaux mais aussi des plus gros.

Tous ces oiseaux semblent vivre dans une espèce d'harmonie. Mon instinct voudrait en attraper un, je suis en position de chasse, je reste immobile et j'attends le moment opportun, puis je saute vers l'oiseau, mais ce n'est pas facile car j'ai le harnais et je ne suis pas libre de mes mouvements. Mais qu'en ferais-je ? Je ne veux pas le manger, j'ai tout ce qu'il faut à la maison. Ce balai d'oiseaux qui volent au-dessus de moi, ils se posent, s'envolent, mangent, se battent même pour certains ! je ne peux m'empêcher de les regarder, de les admirer.

L'oie. Elle est grosse, elle est tellement grosse, grasse, que quand elle marche, elle se dandine. Ses yeux sont fixes et scrutent tout ce qui se passe autour d'elle.

Elle me regarde, je sens bien qu'elle ne m'aime pas. Elle a essayé de m'approcher pour attaquer mais là, papa accourt et lui gueule après ! Ben oui, je suis la princesse et personne ne me touche… Mais elle surveille son territoire, elle essaye aussi de mordre le moindre oiseau qui se pose et lui vole de la nourriture. Elle ne supporte pas non plus les poules qui approchent trop de « son territoire ». Dès qu'il y a un bruit venant de la rue, où même de la maison, elle se met à gueuler très fort, c'est assourdissant, c'est une dingue ; papa ne supporte pas qu'elle gueule comme ça, il lui court après… Ça lui fait faire du sport. En conclusion, cette groose bête ne m'aimera jamais et je m'en contre fiche.

Que vois-je, Elliot sort sans harnais. Il passe devant moi comme pour me montrer que lui est libre dans cet espace de rêve. Je le suis, mais très vite, je me retrouve arrêté par cette laisse d'au moins 5 mètres mais insuffisant ! Il me nargue, à deux mètres de « la frontière », il s'allonge et se prélasse en me regardant l'air de dire « moi je peux… » Je ne comprends pas le pourquoi il n'a pas de harnais. Ma théorie, il a peur de tout alors jamais il ne s'échappera car au moindre bruit il rentre à la maison. C'est vrai que c'est un peureux, une voiture passe et klaxonne, de suite, il court vers la porte de la maison ; je ne comprends pas sa réaction, je n'ai même pas fait attention à ce bruit. Il ne s'intérèsse pas aux poules, aux oiseaux, à l'oie. C'est certainement par habitude car cela fait longtemps qu'il est à la maison et il ne les trouve certainement pas trop interessants. En le regardant, je pense que c'est peut-être dommage que l'on ne soit pas proche, on ne s'amuse pas ensemble, on ne se fait pas de câlins, on s'ignore pour la plupart du temps, on est pourtant ennemis, on ne manque de rien et il y a assez de nourriture et d'amour pour nous deux. C'est juste une pensée, je ne vais pas faire une thèse la-dessus.

Je repars donc à l'opposé, mais là aussi, je suis arrêté par la laisse. Mais papa vient, et accroche ma laisse à un autre endroit. Je comprends bien vite que si je veux aller quelque part, il se lève pour changer l'accroche. Je sens qu'il en a bien vite marre car je veux changer très souvent d'endroits. On pourrait croire que je fais cela pour énerver ! Je vous jure que non, je veux découvrir tellement d'endroits que je veux aller partout. Si j'étais détâchée, je pourrais me mettre à tous les endroits possibles.

J'ai trouvé le système pour retirer le harnais. Il suffit que j'aille jusqu'au bout et en tirant en marche arrière, il se retire. C'est trop cool. Mais papa est dépité et grogne. J'ai donc un nouveau harnais, bien plus compliqué à retirer et il me serre un peu plus. On ne peut pas gager à tous les coups.

Il est arrivé quelques fois que les papas sont assis sur les fauteuils de la terrasse et qu'ils me retirent mon harnais. Je suis libre et je reste couchée sur le canapé. Ils me surveillent, je sens le stress quand même. Dès que je me lève pour aller à un autre endroit, l'un d'eux se lève et me suit. Ça finit toujours par qu'il me rattrappe, me prends dans les bras et me rentre à la maison. Une fois la porte fermée, je me mets à la fenêtre et je miaule sans arrêt pensant qu'ils vont me remettrent dehors ; ça ne marche pas à tous les coups.

Je ne reste pas plus de deux heures dehors, papa me fait rentrer.

J'ai compris qu'en me mettant à la porte, je peux m'échapper. Dès qu'elle s'ouvre, je cours vers un endroit inconnu, au bout de la terrasse, mais je m'arrête très vite car l'inconnu me fait réfléchir et je suis très vite rattrapée par papa en colère, qui me ramène très vite à la maison en grognant et j'ai le droit à une petite tape sur les fesses et… pas de bonbons ! Quelques minutes plus tard je viens me frotter contre lui et comme d'habitude, la colère redescend.

Quelques fois, dehors ce n'est pas génial. Il peut y avoir du vent, cela m'effraye un peu, il y a aussi de très gros bruits qui viennent de derrière la haie, je n'aime pas, je veux rentrer. Il y a aussi une température qui est trop basse pour moi alors je préfère montrer que je veux rentrer et me mettre au chaud pour ma sieste.

En conclusion, dehors c'est super. Il y a toujours quelque chose qui attire mon attention, qui m'intéresse. J'aime. Quand je ne suis pas dehors, je passe beaucoup de temps à la fenêtre pour admirer tout ce qui se passe à l'extérieur, je demande à sortir en miaulant, je me dis qu'ils vont me laisser sortir mais ça ne marche pas à chaque fois…

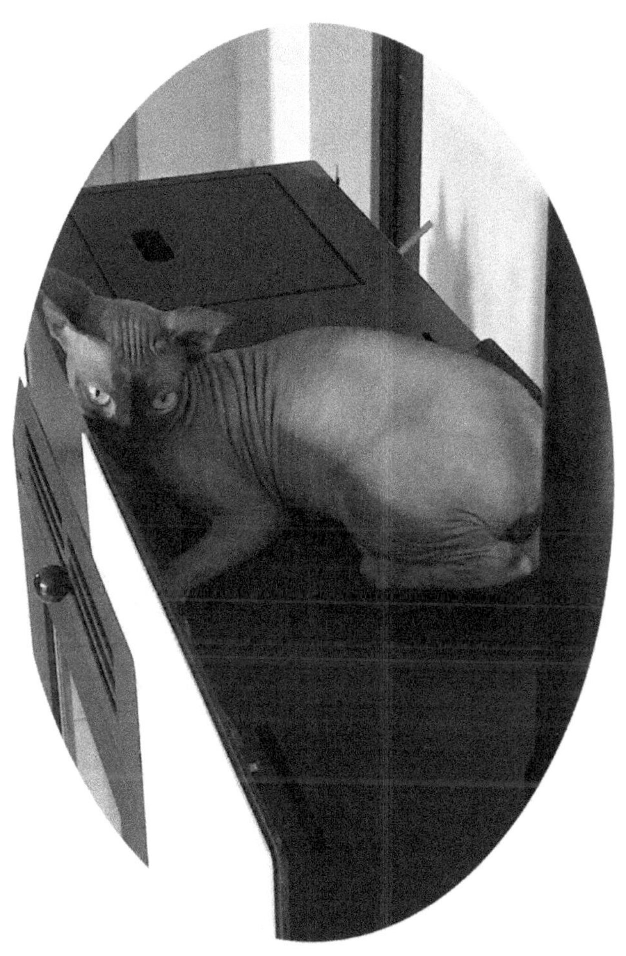

CHAP. 6 – L'HIVER

J'aime cette saison de beau temps, les fenêtres sont ouvertes (il y a une espèce de grillage pour que je ne puissse pas sortir), la température est très bonne ; que ce soit à l'intérieur ou à l'extérieure.

Mais ce qu'ils appellent l'hivers, c'est vraiment tout autre chose. Comment dire ?

La température est assez basse, je recherche la chaleur, dans toutes les pièces de la maison. Le chauffage se remet en marche, je me mets dessus, la chaleur m'englobe, je me sens bien, j'apprécie beaucoup.

Il y a plusieurs endroits où je peux me mettre au chaud, sur le canapé il y a mon lit. Je passe mon temps à dormir.

L'endroit que je préfère est le lit de papa, il y a ma couverture en permanence et je m'y mets dessous ; quelques fois, ils peuvent voir juste mon museau ou mes yeux, ça les fait rire.

Je me sens bien au chaud. Je n'ai pas envie de bouger.
Souvent, à l'heure de manger, ils m'appellent, je les regarde, entre la faim et l'envie de rester au chaud reste un choix difficile. Plusieurs fois déjà, je ne bouge pas même au bout de quatre ou cinq appels ; de toutes les manières, quand je me décide à bouger pour aller manger, mon auge m'attends.

Elliot passe son temps au premier étage mais lui a beaucoup de poils, il ne craint pas comme moi, le froid. Il demande quand même à sortir, surtout le soir. Que peut-il vouloir faire dehors avec ce froid, je n'ai pas la réponse.

Quand je ne suis pas dans mon lit, je m'assois près de la fenêtre et je regarde ce paysage, ce jardin. Il est bien différent de la précédente saison. Le temps est gris, j'entends ou je perçois le vent, des feuilles tombent, les arbres bougent, ils se balancent de gauche à droite.

L'oie n'a pas l'air d'avoir froid. Elle se baigne

même, l'eau doit être glaciale, c'est une folle je pense. Lors de la saison d'hivers, elle se met aussi dans son tonneau, sa maison, elle couve son œuf.

Je ne vois pas les mêmes oiseaux. Il y en a moins que l'été. Je peux voir des petits volatils à la recherche de la moindre miette, ils ont faims et froids certainement.

Je me mets à miauler car je veux aller dehors mais j'entends toujours la même chose « Il fait froid dehors… » ou « Il pleut, l'eau est glaciale… »

J'ai bien compris que je ne peux pas y aller, ça se comprend, j'ai besoin d'être au chaud tout le temps sinon cela peut m'être fatal.

Je ne comprends pas toujours. Souvent, papa est dehors, dans mon jardin, il ramasse des feuilles, il coupe, il fait plein de choses. Alors pourquoi pas moi ? Je miaule, je gratte la vitre, j'essaye de l'interpeler, il me regarde et me fait un petit signe de la main ! Tu parles, je m'en fou de son petit signe de la main, je veux sortir.

Mon autre papa, il passe beaucoup de temps sur son ordinateur, j'aime aller et venir, passer devant lui, quelques fois je marche sur son clavier alors il grogne. Quelques fois, il arrête et me caresse et me fait des bisous, mais il s'arrête très vite car il veut continuer d'écrire ou plutôt de tapoter sur son clavier. Alors, je me mets sur ses épaules, et de là, je scrute ce qui se passe dans le jardin. Il est dos à une fenêtre alors, j'ai une très bonne place et je suis à bonne hauteur pour voir se qui se passe dehors.

J'ai hâte que les beaux jours reviennent. J'aime être dehors.

*Photo 1 : **Si je pouvais m'échapper !***

CHAP. 7 – MES AUTRES PLAISIRS

J'ai quelques autres petits plaisirs dans cette maison, cette vie de princesse.

La télévision. Le soir, je me mets sur les jambes de mon papa, je regarde cet appareil où il se passe des choses qui me paraissent bien réelles mais je n'en comprends pas le foncitonnement.

Je peux voir des animaux. Il y a des animaux bien bizarres, je n'en ai jamais vu en vrai, ils ont l'air énormes et pas très doux. C'est interressant, je me rends compte qu'ils n'ont pas ma chance, ils sont obligés de tuer pour se nourrir, pas de ça chez moi !

Et il y a les oiseaux. J'adore regarder. Je ne loupe pas une image. Je retrouve plus ou moins ce que je vois de ma fenêtre en regardant ce qui se passe dans le jardin. Je vois bien qu'ils ne sont pas dans mon jardin, ça bouge de partout, je les entends piailler, siffler, chanter.

Je vois tout ce que je ne vois pas dans ma vie de tous les jours. Ils vont chercher de la nourriture, des graines, des petits vers de terre, ils retournent dans leur nid et nourrissent des bébés oiseaux. (Une petite parenthèse, j'ai eu aussi des bébés une fois, c'est très différent la façon de les nourrirs… ils ont trouvé une famille. Ce souvenir est de plus en plus lointain).

Il y a des oiseaux que je n'ai jamais vu. Des gros, des petits, des bizarres. De couleurs bien différentes. Ça m'amuse et je ne loupe pas une seule image. Les premières fois, je me suis approché de l'écran, j'y ai posé la patte mais je me suis bien vite rendu compte que je ne pouvais pas toucher ou les attraper, tout est dans la boîte !

Mon autre plaisir, été comme hiver, il y a des petites bestioles qui se baladent dans la maison. Des moustiques, des araignées…

J'essaye d'attraper cet insecte. S'il est volant, ce n'est vraiment pas facile, il est bien trop haut. Je fais pourtant tout mon possible afin de pouvoir l'attraper. Quelques fois je suis grimpé sur un accoudoir, ou sur mes deux pattes arrière, quelques fois, je le touche de la patte mais ce n'est pas pour autant une réussite.

Quelques fois, ça amuse papa. Il m'encourage à l'attraper. J'aimerais le voir faire tiens !

Quand c'est une araignée ou tout autre insecte qui ne vole pas, cela paraît plus facile à attraper. Je m'amuse beaucoup, je fais semblant de ne pas réussir à l'attraper, je joue avec, je le balance à différents endroits, je le garde vivant surtout car autrement je ne vois plus l'intérêt du jeu.

Quand j'en ai marre, je lui donne le coup de grâce ! Je sens l'insecte, mais non je n'ai pas envie de le manger, ce n'est certainement pas digne d'une princesse.

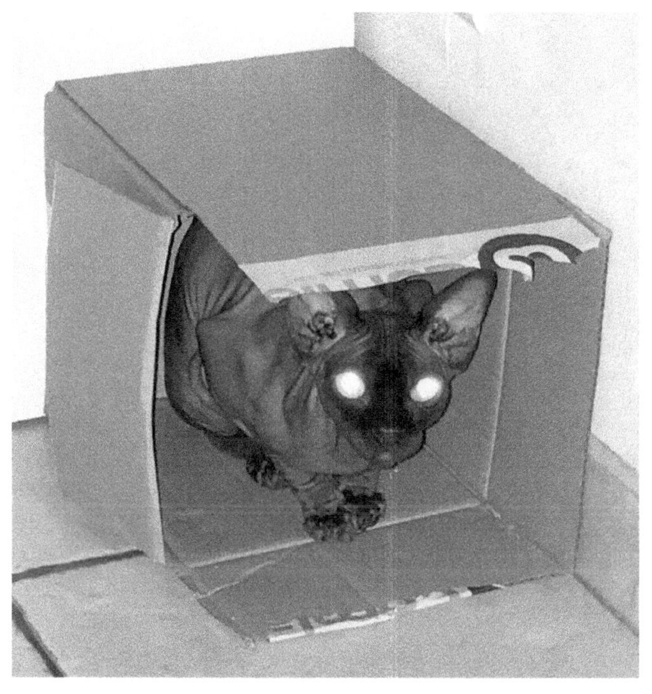

Photo 1 : *Si je pouvais m'échapper !*

CHAP. 7 – LE VÉTÉRINAIRE

Quand je suis arrivée dans cette maison, je me demandais où l'on m'amenait, j'étais un peu stressée.

Un jour, papa m'a pris dans les bras et m'a mis dans un sac avec fenêtre, là se trouvait ma couverture préférée, il a fermé le sac. J'étais à nouveau stressée, Que m'arrive-t-il ? Ils ne veulent plus de moi ? J'ai fait quoi ? Je vais encore changer de maison, de maîtres ? Oh non !

En effet, très vite, le sac où je me trouve prends place dans la voiture et on s'en va.

Papa me réconforte, je miaule un peu, j'ai peur j'avoue. Papa me dit des jolies choses d'une voix douce, est-ce pour faire passer la douleur ? Je ne veux pas les quitter, je suis heureuse avec eux.

On arrive dans un droit bizarre, quand je dis bizarre, c'est l'odeur d'autres animaux et aussi de produits. Je ne le connais pas du tout cet endroit, pourquoi suis-je ici ? Je vois des chiens, des chats, un animal bizarre (je ne sais même pas ce que c'est !) les chats sont aussi dans des sacs. Un des chats est serein et il me regarde en me rassurant. C'est donc un habitué, je me dis que je peux donc lui faire confiance.

Je regarde les humains qui sont assis, ils attendent, ils sont pensifs. Je pense qu'ils s'inquiètent pour leur prince ou princessse. Ce n'est vraiment pas un endroit où l'on vient par plaisir, mais par nécessité ou plutôt par obligation.

Je regarde cette personne, il n'y a pas de sac à côté d'elle, elle est triste, elle pleure. Je ne comprends pas de suite. Je ne peux m'empêcher de la regarder, soudain, elle lève la tête et je la vois pleurer à chaudes larmes. Une dame vient vers elle avec une grosse boîte ; je devine soudain ce qu'elle contient, c'est triste. Je devine cet amour que cette humaine avait envers un congénère ! Je sens cette douleur, la personne essaye de la consoler, elle lui parle doucement ; elle reste incosolable. Je pense ressentir cette même douleur si un de mes papas se retrouvait dans cette boîte. C'est la première fois que je rencontre ce genre de situation, cette tristesse qui est de perdre un être cher.

Une personne souriante vient et nous invite à entrer dans une salle, papa me sort du sac et m'installe sur une table en me caressant.

La dame me parle doucement et me touche partout, même aux endroits que je n'aime pas. J'ai un vague souvenir d'un passage chez un vétérinaire ! Elle sort une seringue et me pique, je sens un liquide traversant ma peau. Je me sens fatiguée.

Au bout d'un moment, papa me remet dans le sac, dans la voiture et retour à la maison ; je suis rassurée, c'est terminé et je retourne à la maison. En me sortant du sac, il me fait des gros bisous partout et me rassure et me donne trois bonbons ! Ça valait le coup finalement. Je dois me souvenir que le sac est égal à vétérinaire puis au retour, j'ai des bonbons.

Je suis fatiguée, je monte vite sous ma couverture, ils me reverront tard ce soir sans aucun doute.

Je croise Elliot, il s'approche et vient me sentir le

museau, il repart, il a l'air de se moquer de moi. Il a de la chance que je sois fatiguée après cette piqure, sinon, je lui aurais fait perdre quelques calories en lui courant après, il sait que je peux être hargneuse. En plus, j'ai eu des friandises, pas lui.

Toute la journée, j'aurai eu le droit aux bonbons, aux caresses et au bon repas, tout cela parce que je suis allé chez le vétérinaire et que j'étais stressée, et finalement, rien de bien traumatisant, mais c'est un truc de plus que j'ai appris, avoir l'air stressée peut me rapporter des bonbons.

Avec Elliot

ÉPILOGUE

Beaucoup de personnes résument la vie d'un chat en juste deux mots : manger et dormir. Ce n'est pas complètement faux, mais pas tout à fait vrai non plus.

Je continue à vivre une vie de rêve, mais aussi à explorer les nouvelles choses. Dès qu'il y a une nouveauté dans la maison, un nouvel objet, je dois m'en intéresser, l'analyser et surtout guetter la réaction si je m'en approche.

Je me dois de toujours en apprendre plus de mes papas, mais aussi des autres humains que je rencontre, tout cela sera dans mon ADN et ainsi dans l'ADN des autres chats grâce à leurs expériences si différentes, tout cela se retrouvera dans les générations futures.

Je suis consciente que tous les chats n'ont pas ma chance malheureusement, j'ai tout ce qu'il me faut, de la bonne nourriture et un toit, j'ai des jouets, des couvertures, des paniers à plusieurs endroits de la maison et surtout j'ai de l'amour de mes deux papas.

Depuis, l'oie est partie chez un autre maître, j'ai ouï-dire qu'elle était trop bruyante, et ce n'est rien de le dire ! pour moi c'est un problème de moins. J'ai le jardin pour moi et je n'ai pas à m'occuper d'une attaque éventuelle.

Elliot sort de plus en plus, il ne reste plus à l'étage toute la journée, je vois même qu'il sort la nuit, je me demande bien ce qu'il fait. Il doit visiter des endroits qui me sont inconnus.

Je fais toujours copain-copain avec Max. Il est gentil avec moi, j'avoue que j'en fais ce que je veux, il n'est pas du tout une menace pour moi. C'est ce qui compte.

Allez ! Miaou à tous.

Avec Max

MES FRÈRES

Elliot

Max

LES SPHYNX

Le Sphynx est un chat nu.

Il est complètement dépourvu de poils, mais il peut posséder un duvet ou quelques poils (autour des oreilles, de la queue, le museau).

- ➢ La tête est plus longue que large, triangulaire.
- ➢ Son museau est assez court et arrondi.
- ➢ Ses yeux sont en forme de citron, grands et très expressifs.
- ➢ Ses oreilles sont très grandes, larges à la base, elles parraissent surdimensionnées par rapport à la tête.
- ➢ Ses pattes sont fines et ses pieds ont une forme ovale, de longs doigts et fins, des coussinets plus épais que les autres races de chats.
- ➢ Sa queue est longue, large à la base, elle ressemble à une queue de rat.
- ➢ Sa peau est très plissée, une texture de soie, de peau de pêche.

(Standard Loof - https://loof.asso.fr/)

Cette race vient d'une portée au Canada en 1966.

Du fait qu'il ait besoin de garder une

température corporelle assez élevée et aussi qu'il brûle plus rapidement ses calories, il a besoin de manger en conséquence. Il faut aussi qu'il boive à volonté une eau fraîche et pure.

Le Sphynx craint les brûlures du soleil ; son épiderme ne possède pas de mélanine, il faut donc faire attention quand on le sort. Ne pas avoir peur de lui mettre de la crème solaire écran total pour enfants car Il peut avoir des problèmes ou maladies de peau. Il est aussi sujet à une maladie, la CMH (Cardiomyopathie hypertrophique) qui a pour effet d'épaissir les parois du cœur. Il faut aussi surveiller l'état de ses oreilles et de ses pattes, lui couper ses griffes régulièrement.

Le Sphynx est très doux et affectueux, même souvent collant. Il adore se blotir contre son maître, ses jambes. Il est assez joueur, très intelligent et se comporte souvent comme un chien. C'est un chat très calme. Il sera votre meilleur ami.

Peut-être, vous ai-je donné l'envie d'adopter un chat Sphynx ; un chat n'est pas un jouet donc bien y réfléchir avant d'en prendre un.

POUR LIONEL

Valencia est une princesse et surtout ta princesse. Tu es son amour de maître, son papa qu'elle aime le plus, tu l'as choisie et elle t'a choisi.

Qui ne peut ne pas l'aimer, elle est tellement gentille, douce, aimante, mais trop gâtée !

Elle nous apporte beaucoup de joie et d'occupations. Elle anime notre vie.

BONUS HISTOIRE COURTE : AARON

Je suis **Aaron**, un petit chat à fourrure blanche. Je vis avec mon maître Chris dans un quartier de la banlieue.

Chris est très timide comme garçon et n'avait presque pas d'amis. Son plus gros problème était qu'il était mal compris des autres, ne sait pas comment s'adapter et manqualt de confiance en lui. J'ai toujours discuté avec lui sur ce sujet, mais il a souvent préféré l'ignorer en disant qu'il avait trop de travail. En parlant de son travail, Chris travaille comme analyste. Au boulot, il était mal aimé, sa patronne n'osait lui confier de gros dossiers et ses collègues étaient méchants avec lui.

Un jour, j'ai décidé de l'aider autrement. Dans le même immeuble que moi, vivent deux autres chats, enfin je dirai une chatte et un chat. Speedy et Funcky. Speedy était la reine de l'immeuble et aucun chat n'osait s'approcher d'elle lors de nos promenades avec nos maîtres. Elle ne manquait pas d'assurance. Elle tient cela de son maître.

Je leur ai parlé du problème à Chris.

Moi : J'ai envie de faire changer Chris.

Funcky : Il a quoi ton Chris ?

Moi : Il est trop mou, il n'a presque pas d'amis dans sa vie, à part moi bien sûr.

Funcky : Et où est le problème ?

Moi : Je dis qu'il n'a pas d'amis, idiot.

Funcky : ton maître est mieux par rapport au mien qui se dispute tout le temps avec sa femme et qui rentre saoulé 4 jours par semaine.

Moi : Oups… je sais, mais je veux l'aider quand même.

Funcky : En faisant quoi ?

Jusque-là Speedy n'avait pipé mot dans la discussion. Elle ne faisait que regarder son nouveau pull et ses nouveaux accessoires.

Moi : Speeeeeedy, tu nous écoutes ?

Speedy : Euh euh oui oui. Chris a donc un problème. Tu lui en as parlé ?

Moi : Oui, mais il évite souvent le sujet.

Speedy : Tu as un autre plan j'espère ?

Moi : Non, mais je comptais sur Funcky et toi pour en trouver un.

Speedy : Funcky ? À part bouffer des croquettes et raconter des blagues douteuses, ce jeune ne sait rien faire de bon. Crois-moi. On se mit tous à sourire.

Le maître de Speedy est un homme vivant seul, comme Chris sauf que contrairement à Chris, il dégage une assurance forte et il est très respecté de tous.

Speedy : J'ai un début de plan, enfin non j'ai un plan.

Moi : Je t'écoute.

Speedy : Mon maître est un fan de lecture et je crois que le tien à besoin d'un petit coup de booste pour se reprendre. Il y a un livre de développement personnel que je pourrai te prêter afin que tu le remettes à Chris. Il va faire les exercices qui sont dedans. Cela pourrait le changer.

Moi : Je doute un peu de ton plan, mais bon, nous allons tenter cela.

Speedy : OK je vais te chercher le livre.

Elle se décala et se dirigea vers la chambre de son maître. D'un pas très assuré, elle s'éloignait de nous. Quelques minutes plus tard et trainait un petit sac, elle revient vers Funcky et moi.

Moi : Alors, il est dedans ta solution ?

Speedy : Oui, mais calme toi « l'excité ». Je te passe mon livre et je dois le reprendre le plus tôt possible, car mon maître ne sait pas que je l'ai pris. Dis à Chris de le lire.

Je remercie Speedy et nous faisons notre salutation puis on se sépare.

Le soir, Chris était rentré tout fatigué comme d'habitude. Mais ce soir, quelque chose n'allait pas il était plus déprimé. Je m'approchais de lui puis je me blottis dans ses bras pour le réconforter.

Il commençait un de ses monologues incessants.

Chris : Je suis un gros raté, je crois que je suis un bon à rien qui ne peut pas vraiment réussir sa vie. Même en tant que simple analyste je ne m'en sors pas et personne ne me fait confiance, personne ne fait attention à moi.

Je redresse alors ma tête puis je le regarde.

Moi : Et toi, tu te fais confiance ?

Chris : Ne reprends pas encore avec tes histoires Aaron, je ne suis pas d'humeur.

À ces mots, je quitte le fauteuil dans lequel nous étions allongés pour lui apporter le livre que j'avais emprunté chez Speedy. Il prit le livre, mais rien n'indiquait qu'il allait le lire.

Six jours plus tard le livre était toujours posé là.

Je le pris puis je le range. Je vais le remettre à Speedy en la remerciant.

J'étais déprimé, car je voyais que mon maître souffrait, mais qu'il ne veut pas de mon aide. Après avoir remis le libre à Speedy, je suis donc rentré chez moi et je m'allonge dans le canapé. Là, une idée me traverse. L'idée est celle-ci : si les collègues de Chris nous trouvaient cool comme chats, ils peuvent l'apprécier aussi. Je sais c'est un peu bizarre comme idée, mais rien de meilleur n'était venu à ce moment. Je parle donc de ce plan aux autres.

Funcky : Tu es complètement fou.

Speedy : Pour une fois, je suis d'accord avec Funcky. Tu veux qu'on se mélange à des inconnus.

Ils acceptent finalement de m'accompagner et nous avons donc décidé de faire un petit spectacle de danse au hall du bureau de Chris.

Le jour J, bien habillés, nous étions allés sur le lieu de travail de Chris. Nous avons émerveillé la foule qui s'est rassemblée petit à petit et nous leur avons donné un bon moment de détente. Chris n'était pas là. Il était forcément occupé. Tant mieux sinon il allait gâcher notre spectacle.

Nous avons été filmés. Dans la vidéo, Chris me reconnut et dit à ses collègues que j'étais son chat. Ils eurent du mal à le croire, mais finirent par y être convaincus le jour où Chris m'amenait avec lui au boulot. Il était donc devenu une sorte de petite célébrité, car il possédait un chat cool et tendance. Les gens n'osaient plus réellement se moquer de lui. Il vivait donc normalement.

Avec un peu plus d'intervention de la part du maître de Speedy, il changea un peu ses habitudes, son style vestimentaire, sa démarche et beaucoup d'autres choses. Au fils des mois, il gagnait en confiance et rencontrait de nouvelles personnes.

Cela a pris quatre longs mois, mais finalement Chris s'est finalement adapté. Il a rencontré une fille, Molina, que je n'aime pas vraiment, mais si Chris l'aime, je ferai l'effort de l'aimer aussi.

LIVRES DÉJÀ PARUS

La VIème République

Léo s'apprête à gravir les marches de ce bâtiment solennel, marches qu'il a tellement vues sur un écran de télévision ou sur le web.
Il sait qu'il va changer la vie de beaucoup de monde y compris la sienne. Il n'est pas stressé, mais une petite appréhension quand même.
Il regarde une dernière fois derrière lui comme pour se dire que sa vie ne sera jamais plus comme avant.
Lui et ses huit copains vont révolutionner de manière indéniable la vie de la plupart des gens avec de bonnes, mais aussi de mauvaises choses.
Aimé, adulé ou détesté, Léo gardera toujours sa ligne de conduite et ne fléchira jamais.
Mais qui sait ce que réserve le destin...

ID : 24 333 161
www.lulu.com
ISBN 978-2-9567258-0-0   11,90 €
Février 2019.

www.lulu.com

ISBN 978-2-9567258-0-0

Peu importe comment tu mourras.

(Suite de la VIème République)

À l'école, un clan, ça semble génial.

Que dire quand on choisit quelqu'un qui paraît plus faible que les autres et que ça tourne mal ?

Une vie détruite, un mal-être… une vengeance !

On dit que la vengeance est un plat qui se mange froid ! Eh bien, ce n'est qu'un doux euphémisme…

ID : 24 321 870

www.lulu.com

ISBN 978-2-9567258-1-7
15,00 €

Novembre 2019.

Je vous souhaite un joyeux Noël

À l'école, un clan, ça semble génial.
Que dire quand on choisit quelqu'un qui paraît plus
faible que les autres et ça tourne mal ?

Une vie détruite, un mal-être… une vengeance !
On dit que la vengeance est un plat qui se mange
froid ! Eh bien, ce n'est qu'un doux euphémisme…

ISBN 978-2956725831
Novembre 2020.

Amazon.fr
Laurent-moreau.com
15,00 €

À PROPOS DE L'AUTEUR

Originaire de Loire-Atlantique (44), mais en Normandie depuis plus de 20 ans, Laurent Moreau né en 1967 vit paisiblement dans cette belle région.

Comptable pour son propre commerce, il a décidé un jour de coucher sur du papier des pensées qui se bousculaient lors de la crise des gilets jaunes. Mais tellement de pages de notes, qu'il décida d'en faire un roman. Il a aimé écrire ; son premier roman « La 6ème République ».

Mais cela ne s'arrête pas là, la suite de l'histoire s'est très vite transformée en un deuxième roman.

Depuis, tout s'enchaîne avec un roman par an. Celui-ci est le troisième et déjà huit chapitres d'écrits pour le 4ème.

C'est avant tout un plaisir et non un gagne-pain !
Laurent continuera jusqu'à ce que cela ne l'amuse plus.

Pour ne pas rater mon prochain roman qui est actuellement en préparation, vous pouvez vous inscrire à ma Newsletter pour en connaître la sortie ou l'avancement.

http://www.laurent-moreau.com/?page_id=272

Vous pouvez aussi me retrouver sur Facebook

https://www.facebook.com/Laurent27Moreau

Achevé d'imprimer en novembre 2020
Dépôt légal : Novembre 2020
Imprimé par Amazon

* 9 7 8 2 9 5 6 7 2 5 8 4 8 *